Falk Scheithauer

Das will ich wissen

Die Indianer

Günther Jakobs,
geboren 1978 in Bad Neuenahr-Ahrweiler, studierte Illustration
an der Fachhochschule Münster. Seit dem Diplom ist er als freischaffender
Illustrator tätig und arbeitet in der Ateliergemeinschaft RAUM 3 in Münster.
Weitere Informationen sind auf seiner Homepage
www.guentherjakobs.de zu finden.

Falk Scheithauer
ist Jahrgang 1952. Er studierte Erziehungs- und
Wirtschaftswissenschaften. Er lebt als bildender Künstler
und freiberuflicher Autor in Süddeutschland.

1. Auflage 2005
© Arena Verlag GmbH, Würzburg 2005
Alle Rechte vorbehalten
Einband- und Innenillustrationen: Günther Jakobs
Gesamtherstellung: westermann druck GmbH, Braunschweig
ISBN 3-401-05812-6

www.arena-verlag.de

Falk Scheithauer

Das will ich wissen
Die Indianer

Mit farbigen Bildern von Günther Jakobs

Inhalt

Sachwissen:
Indianer

Die erste Jagd

Kleine Wolke hat schon lange auf
diesen Tag gewartet. Sein Vater
hat immer zu ihm gesagt:
»Kleine Wolke, mein Sohn, du wirst
das Wild bald jagen wie der Wind
die Blätter.«

Nun ist es endlich so weit.
Kleine Wolke darf zum ersten Mal
allein auf die Jagd gehen.

Noch vor Morgengrauen bricht Kleine Wolke
auf. Brav trägt ihn sein Pony aus dem Zeltdorf
hinaus. Er reitet bis zum fernen Waldrand.
Dort steigt er vom Pferd und macht sich
zu Fuß auf die Pirsch.
Das Pony stakst hinter ihm her.
Als sie den Hügel erklommen haben,
blickt Kleine Wolke hinunter ins ferne Tal.
Auf einer Lichtung grasen drei Rehe.

›So ein Reh wäre eine feine Beute‹,
denkt Kleine Wolke begeistert.
›Alle im Dorf werden staunen,
wenn ich mit einem Reh zurückkomme.‹

Kleine Wolke bindet sein Pony
an einem Baum fest.
Lautlos wie ein Puma schleicht er
durchs Unterholz. Bald trennen ihn nur noch
50 Schritte von den Tieren.

8

Gerade will er seinen Bogen spannen,
da knacken und krachen die Zweige neben ihm.
Ein lautes Schnauben durchbricht die Stille.

Wie aus dem Boden gewachsen
steht plötzlich ein riesiger Grislibär
neben ihm.

Kleine Wolke ist starr vor Schreck.
Er wagt sich nicht zu bewegen.

Der Grislibär brummt böse.
Doch bevor der Bär noch einen Schritt
tun kann, surrt ein Pfeil durch die Luft
und trifft den Bären mitten ins Herz.
Der Bär bricht zusammen.
Er ist auf der Stelle tot.

Kleine Wolke blickt sich verwundert um.
Hinter einer mächtigen Eiche tritt
sein Vater hervor.
Er wirft seinen Bogen über die Schulter
und sagt:
»Kleine Wolke, mein Sohn.
Du wirst das Wild bald jagen
wie der Wind die Blätter.
Doch vergiss nie den Bären.
Denn er hat Hunger wie du.«

Beide machen sich nun daran, den Bären
ins Dorf zu schaffen.
Sie schnüren zwei Stämme zu einem
Transportschlitten zusammen.
Darauf legen sie den Bären.
Das Pony von Kleine Wolke schleift
die Jagdbeute ins Dorf.

Dort werden sie mit lautem Jubel begrüßt.
Der Vater von Kleine Wolke ruft
den Kriegern und Frauen zu:
»Kleine Wolke, mein Sohn,
hat den Bären aufgespürt.
Da war es ein Leichtes,
ihn zu erlegen.«
Am Abend gibt es im Dorf
ein großes Fest.

Cowboys und Indianer

Jeder hat schon einmal Cowboy
und Indianer gespielt.
Der Cowboy trägt einen breiten Hut
und er hat einen Revolver.
Der Indianer schmückt sein Haupt mit Federn.
Er ist mit Pfeil und Bogen bewaffnet.
Und beide kämpfen gegeneinander.
Im Spiel natürlich nur zum Schein.
Doch vor langer Zeit war das einmal bitterer
Ernst. Da waren die Cowboys Eindringlinge
im Land der Indianer.
Sie nahmen den Indianern die Heimat
und vielen auch das Leben.

Wigwam

Grabstätte

Tipi

Kanu

Friedenspfeife

Häuptling

Tomahawk

Travois

Die Geschichte der Indianer

Lange vor unserer Zeit lebten noch
keine Menschen in Amerika.
Von den anderen Erdteilen aus
konnte man Amerika nicht erreichen.
Denn Amerika ist vollständig von Meeren
umschlossen.

Doch einmal war das Meer zwischen Amerika
und Asien zurückgewichen.
Diese Stelle heißt heute Beringstraße.
Auf ihr wanderten Jäger aus Asien
nach Amerika hinüber.

AMERIKA

Die Menschen folgten den Tieren,
die sie jagten, den Mammuts,
Rentieren und Bisons.
Mit der Zeit besiedelten die Jäger
aus Asien ganz Amerika.
Viele tausend Jahre lebten sie
auf ihrem riesigen Erdteil, ohne etwas
von der übrigen Welt zu wissen.
Und ohne dass die übrige Welt etwas
von ihnen wusste.

Das änderte sich erst vor etwa 500 Jahren.
Der Seefahrer Christoph Kolumbus
suchte damals einen Seeweg von Europa
nach Indien.
Nach drei Monaten auf See war endlich
Land in Sicht.
›Indien!‹, dachte er
und nannte die Menschen
an Land Indianer.

Dabei war er doch in Amerika!
Seitdem werden die Ureinwohner Amerikas
Indianer genannt.

Die Ankunft der Europäer in Amerika hatte
für die Indianer schlimme Folgen.
Immer mehr Menschen aus Europa drangen
in die Heimat der Indianer ein und raubten
ihnen das Land.
Es kam zu vielen Kriegen.
Die Indianer konnten sich am Anfang schlecht
wehren, denn sie besaßen keine Gewehre.
Und es gab viel weniger Indianer
als Eindringlinge.
Die Indianer starben auch an Krankheiten,
die die Europäer einschleppten, an Masern,
Pocken oder Cholera.

Mit der Zeit kamen Millionen von Einwanderern
nach Amerika. Sie gründeten eigene Staaten
und töteten viele Indianer.

Die wenigen Indianer, die übrig blieben,
mussten sich den Gesetzen
der Einwanderer beugen.
Sie erhielten kleine, genau abgegrenzte
Gebiete. Solche Gebiete heißen Reservationen.

Dort führen viele Indianer auch heute noch
ein kümmerliches Leben.

Viele von ihnen sind arbeitslos, dem Alkohol
verfallen und haben keine Hoffnung.
Sie können nicht vergessen, was ihren
Vorfahren angetan worden ist.

Aber es gibt auch Indianer, die für ihre Rechte
kämpfen.
Immer mehr Indianer besinnen sich heute
auf die Lebensweise ihrer Vorfahren.

Die verschiedenen Völker

In Nordamerika gab es früher
viele verschiedene Indianervölker.
Jedes Volk bestand aus mehreren
Indianerstämmen.
In den Wäldern des Ostens
lebten die Waldland-Indianer.

Die bekanntesten Waldland-Indianer
waren die Irokesen.

Man erkannte sie an ihrer
Haartracht.
Sie rasierten sich
den ganzen Kopf bis
auf eine lange Locke.
Die Irokesen rodeten
den Wald und legten
Äcker an. Darauf pflanzten
sie Bohnen, Mais,
Kürbisse und Tabak.

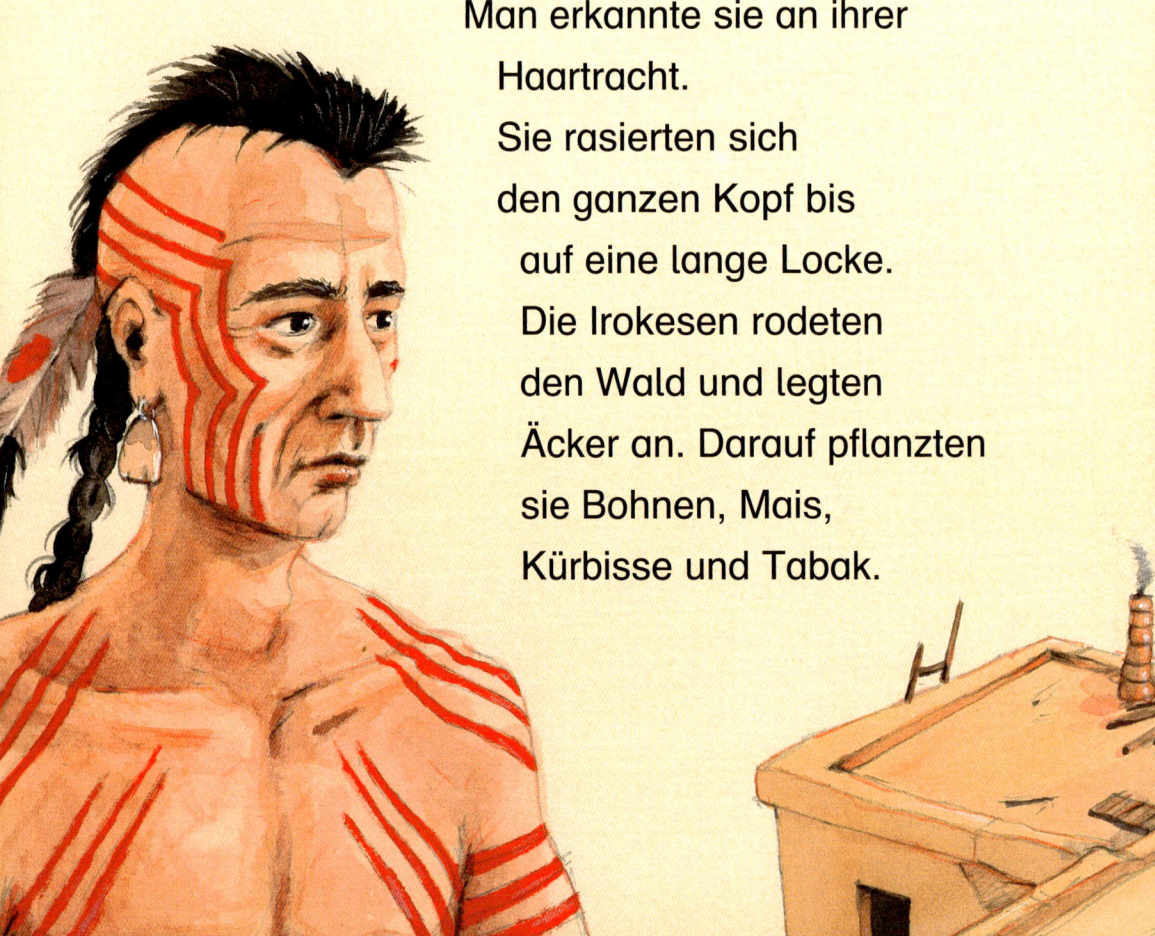

Sie nannten sich selbst
»das Volk des langen Hauses«.
Ihre Holzhäuser waren so lang,
dass immer mehrere Familien darin
zusammenlebten.

Im trockenen Südwesten von Nordamerika
lebten die Pueblo-Indianer.
Pueblo ist ein spanisches Wort
und bedeutet Dorf. Diese Indianer
bewohnten große, aus Lehm gefertigte
Häuser, die manchmal vier oder fünf
Stockwerke hoch waren.
Die Pueblo-Indianer waren
gute Töpfer und
Tuchweber.

In den Wüstengebieten lebte auch das Volk
der Apachen (sprich: Apatschen).
Sie konnten kilometerweit laufen,
ohne zu schlucken.
Dabei hatten sie den Mund voll Wasser.
Das war ihre Trinkreserve.
Wenn die Apachen auf der Flucht waren,
vergruben sie sich manchmal im Wüstensand.
So konnte sie niemand entdecken.
Durch ein Röhrchen holten sie dann Luft.

In der Mitte Nordamerikas erstrecken sich
weite, grasbewachsene Ebenen, die Prärien.
Hier lebten die Prärie-Indianer.
Zu ihnen gehören auch Kleine Wolke
und sein Stamm.
Die Prärie-Indianer blieben den Winter über
in ihren Dörfern.
Sie wohnten in Wigwams. Das waren Hütten
aus Ästen und Zweigen.
Darüber wurden Gras und Erde gebreitet.

Im Sommer zogen die Prärie-Indianer
den Bisonherden hinterher.
Dann wohnten sie in hohen Zelten,
den Tipis.
Die Tipis bestanden aus Stangen,
über die zusammengenähte Bisonhäute
gespannt wurden.
Die Tipis konnten in kurzer Zeit
aufgebaut und wieder abgebaut werden.

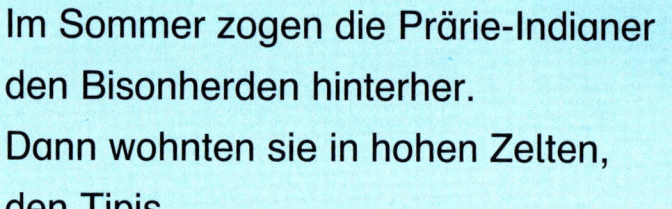

Die Jagd

Die Jagd spielte
bei vielen Indianervölkern
eine wichtige Rolle.
An den Küsten Nordamerikas
lebten viele Stämme vom Fischfang.
Sie fingen Lachse, Heringe
und sogar Wale, die damals
noch sehr zahlreich waren.

Die Waldland-Indianer
jagten die Tiere in den Wäldern.
Aber sie ernährten sich
auch vom Ackerbau.

Das Leben der Prärie-Indianer
war auf die Jagd ausgerichtet.
Sie lebten von den Bisons,
wilden Rindern, die in riesigen Herden
umherzogen. Für die Prärie-Indianer
bedeuteten die Bisons alles.

Im Sommer aßen sie gebratenes,
im Winter getrocknetes Bisonfleisch.
Aus der Haut der Bisons nähten sie
Zeltwände und Kleider.
Auch ihre Schuhe, die Mokassins,
waren aus Bisonleder.
Aus den Bisonmägen machten sie
Wassergefäße.
Die Sehnen verwendeten sie
für Bogensaiten und als Nähfäden.
Aus den Knochen fertigten sie Messer,
Pfeilspitzen, Schaber und Löffel an.
Und der Dung der Bisons wurde
zum Heizen genutzt.
Die Indianer kannten auch Seife und Leim.
Die Seife gewannen sie aus Bisonfett,
den Leim durch Auskochen der Hufe.

Als die Prärie-Indianer noch keine Pferde
hatten, war die Bisonjagd sehr beschwerlich.
Die Indianer zogen den Herden
entweder zu Fuß oder mit Hundeschlitten
hinterher.
Hatten sich einige Bisons von der Herde
entfernt, so schlichen sich die Jäger an.
Zur Tarnung stülpten sie sich Tierfelle über.
Oder sie trugen Bäumchen vor sich her,
hinter denen sie sich versteckten.
Immer näher kamen sie an die Bisons heran.
Schließlich zielten sie mit Pfeil und Bogen
oder warfen ihre Speere.

Seit die Prärie-Indianer Pferde hatten,
war die Jagd viel einfacher.
Die Pferde waren mit den Europäern
nach Nordamerika gekommen.
Viele Pferde entliefen ihnen
und lebten danach als Wildpferde.

Die Indianer fingen diese Pferde ein
und wurden schon bald ausgezeichnete Reiter.

Als die Weißen die große Eisenbahn
durch das Indianerland bauten,
verschwanden die Bisons.
Die Bahnarbeiter gingen auf Bisonjagd,
weil sie das Fleisch brauchten.
Große Fabriken verarbeiteten Bisonfett
zu Seife und machten aus den Fellen
Kutschendecken.

Es dauerte nur wenige Jahre,
bis fast alle Bisons getötet waren.
Die Indianer hatten nun keine Nahrung mehr.
Sie konnten auch keine neuen Kleider
und Zelte anfertigen.
Als strenge Winter kamen, mussten tausende
von ihnen verhungern und erfrieren.

Wie die Kinder der Indianer lebten

Als Kleine Wolke auf die Welt kam,
war der Himmel strahlend blau.
Mitten in dem Blau
trieb eine einzige weiße Wolke.

»Euer Sohn soll Kleine Wolke heißen«,
sagte deshalb der Onkel
des kleinen Jungen.

Ein neugeborenes Kind
erhielt seinen Namen
vom Medizinmann
oder von einem Verwandten
des Vaters.
Der Name wurde oft nach
einem besonderen Ereignis
am Geburtstag gewählt.
Oder nach einem Tier,
das dem Medizinmann im Traum
erschienen war.
Oder nach dem Aussehen des Babys.

Die Mütter hatten ihre kleinen Kinder
immer bei sich.
Sie trugen sie in Babytragen
auf dem Rücken.
Wenn die Mütter beschäftigt waren,
hängten sie die Tragen irgendwo ein,
mal an einen Baum, mal an eine Stange
im Tipi. Manchmal sogar
an den Pferdesattel.
Die Indianer behandelten ihre Kinder
wie kleine Erwachsene.
Sie redeten mit ihnen
nicht in der Babysprache.

Sie schrien sie nicht an und schlugen sie nicht.
Die Kinder lernten alles, indem sie es den
Erwachsenen nachmachten.

Die Mädchen spielten mit kleinen Tipis
und mit Puppen aus Hirschleder.
Schon früh halfen sie ihren Müttern
im Haushalt und auf dem Feld.
Die Jungen spielten meist
»auf die Jagd gehen«.
    Die Väter brachten ihnen den Umgang
        mit Pfeil und Bogen bei.

Mit 13 oder 14 Jahren begann für die Kinder
der Ernst des Lebens.
Für die Mädchen wurde es Zeit,
sich nach einem Ehemann umzusehen.
Die Knaben mussten Mutproben bestehen.
Manchmal verbrachten sie einige Tage
und Nächte allein in der Wildnis.
Wenn sie die Mutproben bestanden hatten,
wurden sie Krieger und bekamen
einen Kriegernamen.

Adlerfedern galten bei den Indianern
als Auszeichnungen

| Feind getötet | viele Feinde getötet | Verwundung | Gegner skalpiert |

Häuptling Stinkende Satteldecke
war kein Schmutzfink, wie man
vom Namen her vermuten könnte.
Er war ein tapferer Krieger, der immer
auf Feldzügen unterwegs war.
So hatte er selten Gelegenheit,
seine Satteldecke zu waschen.
Sein Name bedeutete eine
große Auszeichnung.

Unsere Mutter ist die Erde

Kleine Wolke lauschte gerne
den Worten seines Großvaters.
Der Großvater erzählte von Manitu.
Manitu war der große Geist. Er hatte
die Berge, Seen und Wälder geschaffen.
Er wohnte in allem, was lebte.
Deshalb musste Kleine Wolke
die ganze Umwelt immer in Ehren halten.
Pflanzen und Tiere waren für die Indianer
wie Brüder und Schwestern.

Deshalb fügten sie ihnen keinen Schaden zu.
Wer ein Tier tötete, verwertete es mit Haut
und Haaren.
Wer Beeren und Kräuter sammelte,
pflückte nur so viele, wie nötig waren,
um den Hunger zu stillen.

Die Indianer baten Manitu
und die Geister der Wolke
und der Sonne um Regen
und Wärme für eine gute Ernte.
Deswegen brachten sie
ihnen Opfer dar,
zum Beispiel ein wenig
von dem kostbaren Maismehl.